글·케이티 스미스 밀웨이

미국 스탠퍼드대학교에서 영문학을 공부하고 벨기에와 프랑스에서 국제관계학과 경영행정학으로 석사학위를 받았어요. 지구와 환경, 인류의 미래에 관련된 여러 국제 기구에서 일해 왔어요. 특히, 가난한 사람들을 돕는 엔지오(NGO)인 국제기아대책기구에서 일한 경험은 이 책을 쓰는 데 큰 도움이 되었어요.

그림·유진 페르난데스

미국 뉴욕의 스쿨오브비주얼아트(SVA)에서 미술 공부를 했어요. 1987년에 『어려운 날』이라는 그림책을 처음 낸 이후에 많은 책에 글을 쓰고 그림을 그렸으며, 특히 『바쁜 생쥐 시리즈』는 많은 어린이에게 사랑받는 책이에요.

옮김·김상일

대학에서 교육학을 공부하고, 출판사에서 오랫동안 편집 일과 해외 출판 저작권 일을 했어요.
지금은 키다리출판사의 발행인으로 다양한 분야의 어린이 책을 기획하고 만들고, 번역하는 일도 하고 있어요.

추천·강명순

'가난한 사람들의 큰엄마'라는 호칭을 얻을 만큼 평생 빈민을 위하여 일해 왔어요. 민간 차원에서 우리나라에 마이크로 크레디트 제도를 처음 도입하기도 했고, 18대 국회의원으로 빈민을 위한 여러 입법 활동도 했어요. 지금은 '부스러기사랑나눔회' 이사장으로 가난하고 불우한 아이들을 돕는 일에 매진하고 있어요.

똑똑한 책꽂이 12
적은 돈에서 시작된 큰 성공

암탉 한 마리

개정판 4쇄 발행 2022년 7월 5일 | **1판 1쇄 발행** 2009년 12월 25일
글 케이티 스미스 밀웨이 | **그림** 유진 페르난데스 | **옮김** 김상일
펴낸이 김상일 | **펴낸곳** 도서출판 키다리
출판등록 2004년 11월 3일 제406-2010-000095호
제조국 대한민국 | **사용연령** 8세 이상
주소 경기도 파주시 심학산로 10 | **전화** 031-948-3132 | **팩스** 031-624-1601
이메일 kidaribook@naver.com | **블로그** blog.naver.com/kidaribook
ISBN 979-11-5785-250-5 (77330)

One Hen: How one small loan made big difference
Text © 2008 Katie Smith Milway, Illustrations © Eugenie Fernandes
No part of this book may be reproduced or transmitted in any form or by any means, electronic or mechanical,
including photocopying, recording, or by any information storage and retrieval system,
without the written permission of the publisher.

KOREAN language edition © 2019 by Kidari Publishing Co.
KOREAN translation rights arranged with Kids Can Press through Imprima Korea Agency.

• 이 책의 한국어판 저작권은 임프리마 (Imprima Korea Agency)를 통해 저작권사의 독점 계약으로 키다리 출판사에 있습니다.
  저작권법에 의해 한국 내에서 보호를 받는 저작물이므로 무단전재와 무단복제를 금합니다.
• 잘못된 책은 구매하신 곳에서 교환할 수 있습니다.

암탉 한 마리

글·케이티 스미스 밀웨이 | 그림·유진 페르난데스 | 옮김·김상일 | 추천·강명순

킨디리

코조는 해 질 무렵이 다 되어 집으로 가요. 머리에는 장작 한 다발을 이고 있고요. 배는 몹시 고프고 몸은 지칠대로 지쳤어요. 집에 가까워 오자 푸푸 냄새가 솔솔 풍겨와요. 푸푸는 코조네가 매일 밥으로 먹는 음식이에요. 코조는 주린 배를 움켜쥐고 지친 발걸음을 재촉합니다.

코조네는 늘 가난했지만 몇 해 전에 아빠가 돌아가시고 생활이 더 어려워졌어요. 코조는 학교를 그만두고 엄마와 함께 땔감을 모아 시장에 내다파는 일을 해야 했어요.

코조네 집은 초라하기 그지없어요. 진흙으로 벽을 세워 집을 만들고 지붕은 야자수 잎을 엮어 덮었어요. 집 옆에는 텃밭이 있지만 굶주림을 해결할 만큼의 야채와 음식을 얻기에는 턱없이 작아요. 사정이 이렇다 보니 맛있는 음식을 살 돈은커녕 동전 한 닢 구경하기도 어려워요.

코조네가 빌린 종잣돈입니다.

코조가 사는 곳은 아프리카 가나*의 아샨티 마을입니다. 고작 스무 가구가 사는 곳으로 마을 사람들 대부분은 몹시 가난했어요.

하루는 주민회의에서 제법 괜찮은 의견이 모아졌어요. 집집마다 돈을 조금씩 모은 후, 한 가족에게 빌려주어 하고 싶은 일을 하도록 돕자는 아이디어였어요. 말하자면 이웃끼리 돈을 모아 종잣돈*을 만들자는 것이에요.

첫 종잣돈의 주인공은 애캠퐁네 가족이 되었어요. 애캠퐁네는 두 수레 가득 과일을 사서 시장에서 팔았어요. 얼마 후 애캠퐁네는 종잣돈을 갚았어요.

두 번째로 종잣돈이 간 곳은 도우두 가족이에요. 도우두네는 낡은 재봉틀을 사서 옷을 수선해 셔츠와 드레스로 만들어 팔았어요. 역시 종잣돈은 문제없이 되돌아왔고요.

마침내 코조네가 종잣돈을 받을 차례가 됐어요. 코조 엄마는 수레를 샀어요. 전보다 더 많은 장작을 모을 수 있었어요. 수레가 필요한 사람들에게 돈을 받고 빌려주기도 했지요. 그 결과 조금씩 돈이 모이기 시작했습니다.

하루는 코조가 엄마에게 물었어요.
"엄마, 모은 돈을 제가 좀 쓸 수 있나요?"
코조의 생각을 들은 엄마는 코조에게 돈을 주었어요.
코조는 암탉을 살 생각이었어요. 엄마와 자기가 먹을 달걀을 얻을 수 있고, 남은 것은 팔 수도 있으니까요.
돈을 받은 코조는 부리나케 옆 마을에 있는 양계장*으로 향했어요. 뙤약볕이 내리쬐어 힘들고 지쳤지만 곧 암탉 한 마리가 생긴다는 생각에 힘이 났어요.
양계장에 도착한 코조는 어떤 암탉을 골라야 할지 아리송하기만 했어요. 닭이 너무 많았거든요. 그 때 땅을 콕콕 찍으며 돌아다니는 흰색 암탉이 눈에 들어왔어요.
'이 녀석이 괜찮을까?'
조금 멀리에는 얼룩 반점의 암탉 한 마리가 날갯짓을 하며 꼬꼬댁 울어댔어요.
'저 녀석도 좋아 보이는데!'
그 때 토실토실한 갈색 암탉 한 마리가 빨간 볏을 세우고는 깃털을 부풀리는 것이 코조의 눈에 들어왔어요. 알을 낳고 있는 것 같았지요. 코조는 더 고민할 필요가 없었어요.
마음이 '바로 저 닭이야!' 하고 외쳤거든요.
코조는 값을 치른 후, 소쿠리에 암탉을 앉히고 흰색 수건을 살포시 덮고, 머리에 이었어요. 집으로 돌아오는 내내 코조는 배불리 먹고도 남을 만큼의 달걀을 상상했어요.
그날 밤, 코조는 머리맡에 암탉 소쿠리를 놓아두고 행복한 잠에 빠져들었답니다.

코조는 빌린 돈으로
갈색 암탉 한 마리를 샀습니다.

다음 날, 코조는 아침에 눈을 뜨자마자 소쿠리부터 살폈지만 달걀은 없었어요. 코조는 조금 실망했지만 닭에게 종이 상자로 둥지를 만들어 주기로 했어요.

하루가 지나고, 아침 일찍 일어나 닭 둥지를 살피러 갔어요. 그 때 둥지 귀퉁이에 동그란 것이 눈에 띄었어요. 기다리고 기다리던 달걀이었어요. 코조는 매끄러운 갈색 달걀을 집어 들었지요.

"아직 따뜻하네!"

그날부터 코조의 아침은 즐거움으로 가득했어요. 암탉은 그 주에 다섯 개의 달걀을 낳았어요. 코조와 엄마가 한 알씩 먹었고, 남은 세 알은 토요일에 열리는 장터에 내다 팔 생각이었어요.

드디어 장날이 되었어요. 코조는 과일 가게와 야채 가게, 정육점을 지나 작은 바구니 하나를 내려놓을 만한 곳에 자리를 잡았어요. 달걀 세 알은 금세 팔렸어요. 두 알은 애켐퐁네 아주머니가, 한 알은 도오두네 아주머니가 사갔어요.

코조는 달걀 판 돈을 손에 꼭 쥐었어요. 자리를 털고 일어서려던 차에 코조 눈에 번쩍하고 띄인 것이 있었어요. 시장 바닥에 널려 있는 곡식 낱알과 과일, 야채 조각들이었어요.

'음, 암탉 먹이로 아주 좋겠는걸!'

그날부터 코조의 달걀은 돈으로 바뀌어 갔어요. 두 달이 지나자 엄마에게 암탉을 살 때 받은 돈을 돌려드릴 수 있었어요. 넉 달 후에는 암탉 한 마리를 더 살 수 있을 만큼의 돈이 모였고요.

코조와 엄마는 매주 달걀 두 알씩을 먹고, 여섯 알은 장에 팔 수 있게 되었어요. 암탉은 코조네 살림살이에 큰 도움이 되었어요. 코조는 자신의 암탉이 자랑스럽기만 했어요. 코조의 엄마는 코조가 자랑스러웠고요.

암탉은 매일 싱싱한 달걀을 낳았고, 코조는 달걀 장사를 시작하였습니다

　일 년 후, 코조의 닭은 스물 다섯 마리로 늘었어요. 코조는 암탉들의 알 품는 소리와 울타리 아래서 닭들이 홰치는 소리가 듣기 좋았어요. 하지만 닭장에서 달걀을 거두는 일은 쉽지만은 않았어요. 흰 반점 암탉은 눈에 띄지 않는 곳에 알을 숨기기 일쑤였고, 흰색 암탉은 하루에도 몇 번씩 코조의 발등을 쪼아댔거든요.

　그래도 코조에게 닭은 세상 무엇보다도 사랑스러웠어요. 빨간 볏을 가진 녀석은 유난히 그랬고요. 매일같이 매끈하고 씨알이 굵은 갈색 달걀을 선물했기 때문이죠.

　코조는 암탉 덕분에 옛날과 비교하면 큰돈을 벌었어요. 그 돈으로 튼튼한 나무 닭장을 만들고 엄마에게 필요한 것도 사드릴 수 있었어요. 그러나 무엇보다 코조가 가장 하고 싶었던 것은 학교에 다시 가는 일이었어요. 교복도 새로 사서 입고 책도 사고 싶었고요.

　마침 그 때 엄마가 코조에게 말했어요.

　"코조, 암탉이 우리에게 행복을 주었구나, 그렇지? 이제 학교로 돌아갈 때가 된 거 같구나. 지금은 네가 더 많은 걸 배우기 위해 공부를 해야 할 때야."

꼼조는 달걀을 팔아 돈이 모이면 닭을 한 마리씩 샀습니다.

코조는 달걀을 팔아 모은 돈으로
다시 학교에 갈 수 있게 되었습니다.

　너무 오랜만이라 그랬을까요? 코조는 학교가는 길이 낯설었어요. 교복도 왠지 어색했고요. 걸음걸음마다 코조의 입술이 조그맣게 움직였어요. 몇 년 전, 학교에서 배웠던 글자와 숫자를 읊어 보았어요.
　코조는 친구들보다 몇 년이 뒤쳐졌기에 누구보다 열심히 공부했어요. 글짓기, 셈하기, 과학은 물론이고 가나의 역사와 자원, 아프리카의 이웃 나라들과 세계 여러 나라에 대한 공부도 게을리하지 않았어요.
　그 중에는 시골 생활에 필요한 공부도 있었어요. 이를 테면, 천으로 마실 물을 걸러내는 방법, 기생충 없애는 방법, 닭의 똥으로 거름*을 만드는 법 등 모두 닭을 키우는 데 도움이 되었어요.
　모든 일에 열심이던 코조는 학년이 올라갈수록 꿈을 이루기 위해 전문적인 공부가 필요하다고 생각했습니다. 그 꿈은 바로 커다란 농장을 만드는 것이에요. 그래서 코조는 농업대학으로 진학하기로 결정했어요.
　대학교는 고향에서 멀리 떨어진 도시에 있었기에 엄마와는 잠시 이별해야만 했어요. 하지만 코조는 참을 수 있었어요. 왜냐하면 코조에게는 꿈이 있었으니까요. 대학에 진학한 코조는 정말 부지런한 학생이었어요. 아침부터 저녁까지 오직 공부에만 집중했어요.

시간이 흘러 코조는 대학을 졸업할 때가 되자 본격적으로 양계장을 시작하는 새로운 도전을 결심했어요.

먼저 땅을 사고 양계장을 지을 재료들을 사들였어요. 그리고 마침내 약 900마리의 닭을 키울 수 있는 양계장이 완성되었지요. 이제 닭장을 채워 넣어야 할 차례였어요. 그러나 양계장을 짓는 데 돈을 모두 쓴 터라 닭을 살 돈은 따로 마련해야만 했어요.

코조는 쿠마시에 있는 은행으로 갔어요. 은행에서 돈을 빌릴 생각이었어요. 하지만 은행 직원의 대답은 차갑기만 했어요.

"미안합니다. 가난한 젊은이에게 아무런 담보*나 보증*도 없이 큰돈을 빌려주는 것은 너무 큰 모험입니다."

코조는 포기할 수 없었어요. 곧바로 아크라(가나의 수도)에 있는 큰 은행으로 향했어요. 코조는 은행이 문을 닫을 시간이 다 되어서야 겨우 은행장을 만날 수 있었어요.

"은행장님, 저는 젊고 꿈이 있습니다. 저의 꿈에 투자해 주십시오."

"나는 매일같이 돈을 빌려 달라는 사람들을 수도 없이 만난다오. 담보 없이 돈을 빌려줄 수는 없어요."

심드렁하게 대답하는 은행장의 태도에 코조는 잠시 눈을 감았어요. 그러고는 다시 입을 뗐어요.

"은행장님, 잠시 저의 어릴적 이야기를 들어주시겠습니까?"

코조는 어릴 적 경험했던 마을의 종잣돈 이야기부터 암탉 이야기, 대학 공부까지 마치고 양계장을 만든 이야기를 꺼냈어요.

은행장은 코조의 이야기가 솔깃했어요. 돈을 빌리려는 사람들로부터 듣던 흔한 이야기가 아니었기 때문이에요. 코조의 이야기를 유심히 듣던 은행장은 빙그레 웃으며 고개를 끄덕였어요.

다음날 코조는 900마리의 닭을 사서 농장으로 돌아왔어요. 코조는 닭장에 채워진 닭들을 보자 가슴이 뜨거워졌답니다.

코조는 대학에서 배운 지식과 은행으로부터 빌린 돈으로 훌륭한 농장을 만들었습니다.

코조는 멋진 농장과 함께
행복한 가정도 이루었습니다.

양계장을 시작하고 얼마 지나지 않아, 암탉들은 아샨티 마을 사람들이 먹고도 남을 만큼 많은 양의 달걀을 낳았어요. 코조는 다른 마을에도 달걀을 팔아야 할 때가 됐다고 생각했어요. 그래서 마을에서 가까운 쿠마시로 출장을 떠났어요.

코조는 쿠마시에서 장사를 하는 루모 아저씨를 만났어요. 아저씨는 돌아가신 아버지의 고향 친구였어요. 이야기는 잘 되었고 달걀을 더 많이 팔 수 있게 되었어요.

그 후로도 코조는 루모 아저씨의 집에 자주 들르게 되었어요. 아저씨에게서 아버지에 관한 이야기를 듣는 것이 좋았어요. 가끔 식사 대접을 받을 때면 아저씨의 딸 루무시가 내오는 야자오일 수프와 땅콩 스튜*는 입맛에 꼭 맞았어요.

무엇보다 코조가 가장 좋아하는 것은 교사로 일하는 루무시와 대화를 나누는 것이었죠. 그녀는 꿈을 안고 열심히 공부하는 학생들의 이야기를 들려주었어요.

코조와 루무시 사이에는 사랑이 싹텄고 마침내 부부가 되었어요. 루무시는 코조의 아내가 된 것이 자랑스러웠어요. 그리고 누구보다 양계장 일을 좋아했어요. 루무시도 농장에서 일꾼들과 함께 열심히 일했답니다. 코조의 양계장은 날로 커졌고 벽돌과 콘크리트로 지은 최신식 농장으로 바뀌었답니다.

시간은 흘러 세 아들과 두 딸도 생겼어요. 두 사람은 아이들을 건강하고 총명하게 키우며 더없이 행복한 시간을 보냈어요. 젊은 시절 많은 고생을 한 어머니를 편안히 모시게 된 것도 큰 기쁨이었습니다.

농장은 일꾼들로 넘쳤어요. 남자 일꾼들은 닭을 치고 농장 청소를 했고, 여자 일꾼들은 달걀을 모아 포장하는 일을 했어요. 자동차 운전을 할 수 있는 일꾼들은 큰 도시로 달걀을 운송하는 일을 맡았습니다.

농장의 일꾼들과 그들의 가족까지 합하면 약 120명 가량의 사람들이 코조의 농장에서 일하고 받은 임금*으로 생활했어요.

오돈코르 가족의 경우, 예전에는 아이들의 교육은커녕 끼니조차 해결하기 어려웠어요. 하지만 농장에서 일하게 되면서 먹고살기에 충분한 음식을 장만하고 아이들을 학교에 보낼 수 있게 되었어요. 게다가 몸이 아픈 딸 아디카를 위해 약을 사고 흙집을 허물어 콘크리트로 새집도 지었지요.

이런 일은 오돈코르네만 일어난 일은 아니에요. 농장에서 일하는 모든 사람의 생활이 점점 나아졌어요. 그저, 입고 먹고 살아가는 의식주 문제만 해결된 것은 아니에요. 농장 사람들은 결혼식 등 특별한 날에 입고갈 멋진 아딘크라*도 살 수 있을 만큼 생활에 여유가 생겼답니다.

그리고 농장의 가족들에게 생긴 더 큰 변화는 양, 염소, 암탉을 사서 장차 자신들도 농장을 만들겠다는 희망을 품기 시작한 거예요.

코조의 농장에서 일하기 위하여
전국 각지에서 사람들이
몰려들었습니다.

농장이 나날이 발전하면서
코조의 마을은 부유해졌습니다.

　코조의 농장은 가나에서 가장 큰 농장이 되었어요. 농장에 대한 소문은 입에서 입으로 전해졌고, 다른 지역 사람들이 일자리를 얻기 위해 아샨티로 몰려들었어요. 그러면서 아샨티도 제법 큰 도시가 되었고요.
　아샨티에서 새롭게 터전을 잡은 사람 중에는 상점을 연 사람들도 있었어요. 과일 가게, 옷 가게 등 새 상점들이 속속 문을 열었어요. 지갑이 두툼해진 코조 농장 사람들을 상대로 장사를 하기 위해서였습니다. 농장과 도시가 함께 발전하면서 마을 사람들의 생활은 더욱 여유가 생겼어요.
　코조는 날로 커지는 농장을 꾸려나가느라 여전히 바쁜 시간을 보냈어요. 하루는 코조가 장부 정리를 하고 있었어요. 그 때 누군가 문을 두드렸어요. 제법 숙녀티가 나기 시작한 오돈코르의 딸 아디카였어요.
　"아저씨, 그동안 모은 돈이에요. 제분기를 사고 싶어요. 시장에서 밀가루 장사를 해 보려고요."
　코조는 아디카의 돈 꾸러미를 보았어요. 제분기를 사기에는 돈이 충분치 않았어요. 코조는 잠깐 생각에 잠겼어요.
　"아디카, 이렇게 해 보면 어떨까? 기계를 사기에는 돈이 부족하니 내가 돈을 보태 주마. 돈을 벌면 그 돈은 다른 가족에게 빌려주는 거다. 어떻니, 한번 해 볼 테냐?"
　"네, 아저씨, 고맙습니다. 열심히 해 볼게요."
　코조는 어릴 적 자신이 받았던 마을의 종잣돈이 떠올랐던 거예요. 이렇게 해서 코조의 농장에서는 아무런 보증이나 담보 없이 믿는 마음만으로 돈을 빌려주는 무담보 소액신용 대출* 제도가 시작되었어요.

작은 힘을 보태 서로 돕게 되면서 아샨티 주민들의 생활은 더욱 윤택해졌어요. 코조의 농장은 서아프리카에서 가장 큰 농장이 되었고요.

어느덧 코조도 나이가 들어 할아버지가 되었습니다. 하루는 손주들이 코조에게 물었어요.

"할아버지, 이 달걀들은 어디로 가는 거예요?"

"이쪽 것은 말리에 있는 바마코로, 저쪽 것은 부르키나파소의 와가두루로 보내진단다."

하루에도 수천 개의 달걀이 포장되어 이웃나라로 배달되었어요. 코조는 자신의 달걀이 아프리카 어린이들을 건강하게 한다는 생각에 뿌듯했어요.

코조의 농장은 규모가 커지면서 정부에 더 많은 세금*을 냈어요. 농장의 일꾼, 상점의 주인들이 내는 세금도 점차 많아졌고요. 가나 정부는 걷은 세금으로 더 많은 학교와 병원을 지었고 항구의 시설도 보완했어요. 아크라항*의 이용이 편리해지자 다른 나라와 물건을 사고 파는 무역도 예전보다 더 활발해졌어요.

농장 한편에서 달걀을 실은 여러 대의 트럭들이 길을 나설 채비를 하고 있었어요.

코조의 손자가 물었어요.

"저 달걀들은 어디로 가요?"

코조는 빙그레 우스며 말했어요.

"너의 미래, 우리의 아이들에게 가는 거란다!"

코조와 아디카와 같은 사람들이
가난을 이겨내고 새로운 삶을 살면서
잘 사는 나라를 만들었습니다.

고작 암탉 한 마리를 살 수 있었던 적은 돈에서 시작된 커다란 기적

암탉 한 마리를 사기 위해 적은 돈을 빌렸던 가난한 소년, 코조.

코조는 자신이 삶은 물론이고 농장 일꾼들의 삶가지 바꿔 놓았어요. 더 나아가 자신이 사는 마을과 나라까지도 변화시켰고요.

과연 기적과도 같은 일은 어디에서 시작된 것일까요? 이는 서로 돕고자 내놓은 마을의 적은 종잣돈과 기발한 생각이 만들어 낸 현실입니다. 하찮게 여길 수 있는 암탉 한 마리에서 이 모든 기적이 시작되었다고 할 수 있을 거예요.

'코조의 성공 이야기' 진짜 주인공을 만나요!

『암탉 한 마리』는 아프리카 가나 중부에 위치한 쿠마시 근처 아샨티 마을에서 가난한 부모 아래 태어난 콰베나 다르코씨의 실제 어린 시절 이야기입니다.

아버지가 세상을 떠나면서 어린 콰베나는 가족을 돌보고 학교 수업료를 내기 위해 시장에서 자질구레한 것들을 파는 일을 해야 했어요.

가난을 벗어나는 일은 불가능해보였어요. 돈을 모으는 것은 고사하고 끼니를 잇는 것도 어려웠습니다. 그러던 중 콰베나는 닭을 돌보고 키우는 법을 배우게 되었어요. 농업에 미래의 꿈을 둔 그는 이스라엘에 있는 대학에 진학하여 가금학*을 공부했어요. 그리고 대학 공부를 마치고 고향으로 돌아와 닭, 오리 등 가금류*를 키우는 농장을 시작했지요.

1967년, 오랫동안 모아온 1,000 달러를 투자하여 땅과 닭을 샀어요. 하지만 제대로 된 농장을 짓는 데 1,000 달러는 턱없이 부족한 돈이었어요. 콰베나씨는 농장 사업에 투자할 돈을 빌리기 위해 은행 문을 두드리기 시작했고 마침내 은행의 도움으로 본격적으로 농장 사업을 하게 되었답니다.

콰베나씨는 자신의 경험을 통해 가난한 사람들이 스스로 가난에서 벗어나기 위해서는 종잣돈이 필요하다는 사실을 깨달았어요. 하지만 가난한 사람들이 은행에서 돈을 빌리는 것은 쉽지 않았어요.

그래서 콰네바씨는 가난한 사람들에게 용기와 희망이 될 적은 종잣돈을 빌려주는 단체, '시나피 아바 트러스트'를 만들어 은행 거래를 할 수 없는 가난한 사람들에게 담보 없이 돈을 빌려주었어요. 이것을 '마이크로 크레디트', 우리말로는 '무담보 소액신용대출 제도'라고 해요.

2006년에 시나피 아바 트러스트의 도움을 받은 가나의 국민은 5만 명에 달해요. 대부분은 땔감이나 과일을 팔거나, 잡화*를 운반하고 가축을 기르는 등 작은 사업을 시작하려는 사람들이에요. 코조가 암탉 한 마리를 샀던 것처럼 말이지요.

시나피 아바 트러스트에서 빌려주는 돈은 코조 이야기에서 나오는 마을의 종잣돈처럼 회원들의 정성을 모아 만들어졌어요. 200달러 정도의 적은 돈이지만 사람들에게는 희망의 불씨가 되었어요. 게다가 열심히 일해서 빌린 돈을 갚는 비율이 98퍼센트에 달한다고 합니다.

돈을 빌려간 사람 대부분이 돈을 갚는 것이 가능했던 이유는 회원들의 굳은 믿음과 공짜로 얻은 돈이 아니라를 책임감 때문이에요. 일반 은행의 대출 회수율*도 이보다 높지는 않아요.

콰베나씨는 이렇게 말합니다.

"나는 어린 시절 힘든 시간을 보내야 했어요. 하지만 나는 늘 꿈을 꾸었고, 열심히 노력했습니다. 그런 나에게 누군가 기회를 준 것입니다. 지금 내가 해야 할 일은 바로 내가 누렸던 그 행운을 지금 어려움에 부딪힌 젊은이들이 누릴 수 있도록 작은 힘을 보태는 것입니다."

시나피 아바 트러스트는 마이크로 크레디트와 관련한 NGO(Non Government Organization, 비정부 국제민간단체), 오퍼튜니티 인터내셔널(Opportunity International)의 한 조직이에요.
www.facebook.com/OpportunityIntl

가난한 사람들은 돈을 갚지 못한다고요! 과연 그럴까요?

가난한 사람들에게 돈을 빌려주는 일(무담보 소액신용대출, 마이크로 크레디트, 미소금융)을 하는 단체는 세계 여러 나라에 있어요. 여성세계은행, 오퍼튜니티 인터내셔널, 그라민은행 등이 대표적이에요.

이 중에 무함마드 유누스 교수가 세운 방글라데시의 그라민은행은 처음으로 무담보 소액신용대출을 시작했어요. 가난한 사람들이 자립할 수 있게 돕는 무담보 대출제도는 여러 나라로 전파되었고, 그 공로로 유누스와 그라민은행은 2006년 노벨평화상을 받았어요.

유누스는 미국 유학을 마치고 귀국하여 치타공대학교의 경제학과 교수로 일했어요. 그런데 단돈 20달러를 갚지 못해 고리대금업자*에게서 시달리는 사람들을 보고 안타까운 마음에 자신의 돈을 빌려주곤 하다가, 은행을 이용할 수 없을 정도로 가난한 사람들에게 조건 없이 돈을 빌려주는 은행을 만들자는 생각에서 시작된 것이 그라민은행이에요.

1999년에는 그라민은행은 1000개의 지점을 통해 4만 5000개의 마을에 도움을 주기에 이르렀어요. 당시에, 이 소액대출 사업을 통해 300만 명이 넘는 방글라데시 사람들이 끼니도 잇지 못하는 절대빈곤에서 벗어날 수 있었어요.

그리고 무엇보다 놀라운 것은 돈을 빌려 간 사람의 98%가 돈을 갚았다고 해요.

보통, 은행은 개인이나 기업이 돈을 맡기면, 다시 돈이 필요한 개인, 기업에게 빌려주어요. 이때 돈을 맡긴 사람에게 주는 이자*보다 빌려주는 사람에게 더 높은 이자를 받아 이익을 남겨요. 이것을 '예대마진'이라고 해요.

그런데 돈을 빌려 간 사람들이 돈을 갚지 않으면 은행은 유지할 수가 없어요. 그래서 돈을 빌려줄 때는 돌려 받지 못하는 경우를 대비하여 다른 물건으로 담보를 잡거나 다른 사람이 대신 갚아줄 거라는 약속(보증)을 받아요.

그래서 가난한 사람에게 빌려준 돈은 돌려받기 어려울 거라고 생각하기 쉽지만 그라민은행은 이런 생각을 깨고 높은 대출금

상환율*을 보인 거예요.

무담보소액신용대출(마이크로 크레디트) 운동은 우리나라에도 전해졌어요. 2000년도에 방글라데시의 〈그라민 트러스트〉로부터 교육을 받은 후 5만 달러의 출자금을 대출 받아 세워진 〈신나는조합〉은 한국에서 처음으로 마이크로 크레디트 사업을 시작했어요. 그리고 돈만 빌려주는 것이 아니라 가난한 사람들과 소기업, 자영업자들이 스스로 어려움을 이기고 문제를 해결해 나갈 수 있도록 지속적인 교육과 상담 활동도 함께 하고 있어요.

2009년에는 미소금융이란 이름으로 한국 정부에서도 가난한 서민들이 경제적으로 자립할 수 있도록 돕는 일을 시작했어요. 2016년에 세워진 〈서민금융진흥원〉은 소득이 낮고 은행 신용도가 낮아 돈을 빌릴 수 없는 사람들을 위하여 창업, 주거, 교육 등 금융 생활을 종합적으로 지원하는 일을 하고 있어요.

세계의 여러 단체, 기구마다 활동과 지원의 모습은 조금씩 다르지만, 하나의 공통점을 가지고 있어요. 여러 사람의 돈을 모아 기금을 마련한다는 거예요. 코조 이야기에서 나왔던, 마을 사람들끼리 조금씩 모은 종잣돈과 같은 것이에요.

여성세계은행(Women's World Banking)의 베리 총재는 이런 말을 했습니다.

"60달러는 큰 돈이 아닐 수 있지만 아주 가난한 나라에서는 소를 살 수 있고 시장에 내다팔 상품을 살 수도 있는 돈입니다. 가난한 자들이 자립하기에 충분한 돈이 될 수 있습니다."

추천의 글

암탉 한 마리에서 시작된 희망의 불씨

　닭 한 마리는 통닭구이를 하거나 삶아서 먹으면 그냥 닭 한 마리입니다. 하지만 이 책의 닭 한 마리는 아프리카 가나의 한 가난한 소년에게 꿈과 희망 그리고 넉넉한 생활을 안겨 주는 기적의 불씨가 되었습니다.
　코조는 엄마 아빠의 사랑만으로 공부만 해도 좋은 어린 소년이었습니다. 하지만 가난 때문에 일을 해야 했고, 학교도 다니지 못한 채 엄마를 도와 집안 살림살이를 걱정하였습니다.
　그러던 어느 날, 마을 주민들이 기막힌 생각을 하게 됩니다. 그것은 바로 서로 조금씩 돈을 모아 종잣돈을 만드는 것이지요. 그러고는 그 돈을 한 가구씩 차례로 빌려주기로 했습니다.
　코조네 차례가 되자 코조는 엄마를 졸라 암탉 한 마리를 키우게 되었어요. 암탉이 달걀을 낳으면 코조와 엄마가 먹고, 나머지 몇 알은 마을 시장에 내다 팔았습니다. 그렇게 돈이 모이면 닭을 사고 달걀을 내다팔기를 되풀이 하면서 코조네 암탉의 수는 계속 늘어났습니다.
　코조는 어른이 되자 큰 양계장을 만듭니다. 더 큰 성공을 위한 것도 있었지만 더 많은 아프리카의 어린이들에게 영양가 높은 달걀을 공급하기 위한 마음도 컷습니다. 동네 사람들도 이 과정을 지켜보면서 저마다 꿈을 꾸며 하나 둘씩 마이크로 크레디트을 통하여 행복해졌습니다.

　마이크로 크레디트 운동은 무함마드 유누스 박사가 방글라데시에서 시작했습니다. 유누스 박사는 1976년에 27달러를 가지고 42명에게 무이자로 돈을 빌려준 그라민은행을 시작하면서 2050년도까지 가난한 사람이 한 명도 없는 세계를 만들고자 노력하고 있습니다.

　저 역시 2000년 우리나라의 마이크로 크레디트 운동의 시작인 '신나는조합'을 창립하여 가난한 사람이 없는 대한민국 만들기 운동을 해왔지요. 이처럼 세계 여러 나라에서 1억 명 이상의 사람들이 마이크로 크레디트 운동의 도움을 받고 있습니다.

　2009년에 『암탉 한 마리』가 처음 출간되었을 때, 저는 추천 글을 썼고 이후에 지역아동센터에서 어린이들과 만나 이 책의 주인공 코조에 관하여 이야기를 할 기회가 많았습니다. 어린이들은 한결같이 코조처럼 되고 싶고, 다른 사람을 돕는 사람이 되고 싶다는 다짐을 했습니다. 앞으로도 더 많은 어린이들이 『암탉 한 마리』를 읽고 가난한 사람이 한 명도 없는 행복한 나라를 만드는 꿈을 함께 꾸었으면 좋겠습니다.

前, 18대 국회의원
現, 부스러기사랑나눔회 이사장

강 명 순

용어 해설

가금학 : 닭, 오리 등 집에서 기르는 날짐승에 대한 특성을 밝혀 먹이고 키우는 방법을 연구하는 학문

가나 : 아프리카 서부 기니만에 면한 나라. 1957년에 영국에서 독립하였고, 금과 다이아몬드 등의 광산 자원이 풍부하고 주 산업은 농업으로 카카오를 주로 생산한다.

거름 : 식물이 잘 자라도록 땅을 기름지게 하기 위하여 주는 모든 물질로 흔히 똥, 오줌, 썩은 동식물 등이 사용된다.

고리대금업자 : 은행에서 돈을 빌릴 수 없는 사람들을 상대로 높은 이자를 받고 돈을 빌려주어 부당하게 이익을 취하는 사람이나 그런 사업을 하는 사람

담보 : 돈을 빌리면서 갚지 못하게 될 경우에 돈 대신 가져가도 좋다고 내놓은 것을 말한다.

대출 : 돈이나 물건을 빌려주는 일

보증 : 돈을 빌린 사람이 돈을 갚지 않았을 때 돈을 빌린 사람 대신하여 돈을 갚겠다고 하는 약속

상환율 : 빌린 돈을 갚는 비율로 '상환율이 높다'고 하면 빌려간 돈을 갚는 경우가 많다는 뜻이다.

세금 : 나라의 살림을 위해 국민들이 자기가 버는 돈의 일부를 정부에 내는 돈

스튜 : 서양식 요리의 하나로 쇠고기, 돼지고기, 닭고기 등에 버터와 조미료를 넣고 잘게 썬 감자, 당근, 마늘을 섞어 은근한 불에 익혀서 만드는 요리

아딘크라 : 서아프리카 가나 지역의 아샨티부족의 전통 문양을 가리키며, 이 문양이 들어간 옷감으로 만든 옷도 아딘크라라고 한다. 보통 기호와 같은 모양으로 각 문양마다 용기, 단결, 행운, 이별 등 여러 가지를 상징한다.

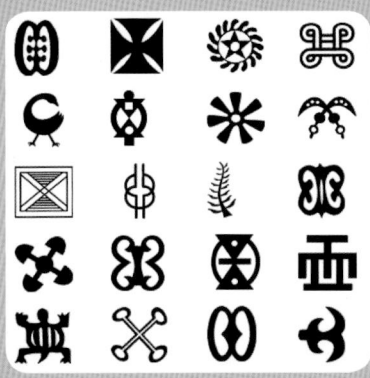

아크라항 : 가나의 수도이자 서아프리 정치, 경제의 중심지인 아크라에 있는 항구

양계장 : 여러 가지 시설을 갖추어 대규모로 닭을 먹여 기르는 곳

엔지오(NGO) : Non Governmental Organization. 환경, 인권, 빈곤추방, 부패방지 등 여러 활동을 하는 국제 민간 단체들을 말한다.

의식주 : 옷과 음식과 집을 통틀어 이르는 말. 인간 생활의 세 가지 기본 요소이다.

이자 : 다른 사람에게 돈이나 물건을 빌리는 대가로 치르는 일정 비율의 돈

임금 : 회사에서 일을 하고 그 대가로 받는 보수

잡화 : 일상생활에서 쓰는 잡다한 물품

종잣돈 : 어떤 돈의 일부를 떼어 일정 기간 동안 모아둔 돈으로 이익이 될 곳에 투자하거나 어떤 물건을 사기 위하여 밑천으로 사용하는 돈

회수율 : 도로 거두어 들이는 비율. 10명에게 돈을 빌려주었는데, 10명이 돈을 다 갚는다면 회수율은 100퍼센트이다.